LAURA MARINA DÍAZ

JUEGOS
DE
INTERIOR

TRUCOS DE MAGIA, INGENIO Y RECETAS DE COCINA RIQUÍSIMAS

ALBATROS
TUS MARAVILLAS

Diseño y producción: María Laura Martínez
Edición: Cecilia Repetti
Ilustraciones de interior: Gabriela Lascano

JUEGOS DE EXTERIOR
1ª edición - 4000 ejemplares
Impreso en Gráfica MPS S.R.L.
Santiago del estero 338 - Lanús Oeste
Impreso en Argentina
15 de enero 2008

© Copyright 2008 by **Editorial Albatros, SACI**
Torres Las Plazas. J. Salguero 2745, 5° piso oficina 51 (1425)
Buenos Aires, República Argentina
www.albatros.com.ar
e-mail: info@albatros.com.ar

ISBN 978-950-24-1234-4

Díaz, Laura
    Juegos de interior - 1a ed. - Buenos Aires : Albatros, 2008.
    128 p. : il. ; 14x24 cm. (Juegos)

    ISBN 978-950-24-1234-4

    1. Recreacion . I. Título
    CDD 790.1

PALABRAS INICIALES

Te propongo una serie de actividades para que la escuela también sea parte de la diversión. Hay juegos para todas las edades (desde 3 a 10 años) y para todos los gustos, ya sea que prefieras pensar, contar o jugar con manualidades.

Encontrarás magia, juegos de ingenio, recetas ricas, juegos con palabras y números y otras actividades para compartir en la escuela con amigos.

¡Que te diviertas!

NOTA PARA PADRES Y DOCENTES

Este libro está pensado como un aporte para docentes, para padres y para todos los agentes relacionados con la educación. Es un verdadero material auxiliar del aula con actividades y juegos atractivos que captarán inmediatamente la atención del niño.

Creo que es importante acercar a los chicos diversas alternativas que les permitan enriquecer sus posibilidades y desarrollar su creatividad. Esta obra pretende ser un aporte en este sentido.

Hay propuestas para todas las edades, con explicaciones claras y sencillas y todas las indicaciones de los materiales necesarios.

¡OJO!

En algunos casos se necesitará la ayuda de alguien mayor para realizar la actividad o para coordinar el juego. Esto está indicado con el símbolo:

INGENIO Y MAGIA CON NÚMEROS

CAPÍTULO 1

Asombrosos trucos con cartas, juegos de ingenio con números y entretenimientos que harán que dejes boquiabiertos a tus amigos y que tú mismo disfrutarás mientras aprendes a realizarlos.

CUADROS MÁGICOS

Edad: 6 años en adelante.

Este truco es tan simple que debes realizarlo muy rápido y hablar mucho mientras los haces para distraer a tu audiencia.

MATERIALES

HOJA DE PAPEL RESISTENTE

COMIENZA LA FUNCIÓN

• Corta el papel con las manos en 9 cuadrados iguales.

• Coloca luego los trozos de papel sobre una mesa, como muestra el dibujo.

• Solicítale a alguien que haga una marca en el cuadrado del medio y que luego mezcle todos los papeles boca abajo, mientras tú te vuelves de espalda para no mirar.

• Te das vuelta e inmediatamente identificas el papel marcado.

• ¿Cómo lo hiciste? Es simple: el cuadrado del medio es el único que tiene los cuatro lados cortados a mano.

2. EL PODER DE LA SUGESTIÓN

Edad: 7 años en adelante.

MATERIALES

MAZO DE CARTAS DE PÓKER

PAPEL Y LÁPIZ

PROCEDIMIENTO

• Escribe en un papel: "Elegirás la pila con 3". Luego dóblalo y guárdalo en tu bolsillo.

• Extrae estas cartas del mazo:

- un as;

- una carta con el N° 2;

- 3 cartas con el N° 5;

- 4 cartas con el N° 3;

• Ubica el resto del mazo de cartas boca abajo sobre la mesa y coloca a continuación (también boca abajo) las cuatro cartas con el N° 3, luego las 3 cartas con el N° 5, la carta con el N° 2 y el as.

COMIENZA LA FUNCIÓN

• Dile a tu amigo que, con sólo tener su mano izquierda, le transmitirás energía y harás que su mano derecha haga lo que tú quieras.

• Toma el mazo de cartas tal como lo preparaste previamente y organiza tres pilas: la primera tendrá 2 cartas, la segunda 3 cartas y la tercera 4 cartas. Recuerda que todas las cartas deberán estar boca abajo.

• Coloca el papel con el mensaje sobre la mesa, sin desdoblar y dile que ahí está anotada la pila de cartas que él elegirá.

• Toma la mano izquierda de tu amigo y pídele que elija una pila de cartas.

• Una vez hecho esto, le solicitarás que lea el mensaje del papel y verás que has acertado. ¿Cómo es esto?

• Si elige la primer pila, da vuelta las cartas y muestra las dos cartas:

• El as + el 2 = 3.

• Si elige la segunda pila, muestra que ésta tiene tres cartas, sin darlas vuelta.

• Si elige la tercera pila, da vuelta las cartas y muestra los N° 3.

• No importa la pila que elija siempre será "la pila con 3".

3 ADIVINA, ADIVINADOR

Edad: 8 años en adelante.

COMIENZA LA FUNCIÓN

• Dile a un amigo que piense en un número de una sola cifra, que lo multiplique por 6, divida el resultado anterior por 2 y lo multiplique luego por 3.

• Todas esas operaciones las hará en silencio, mentalmente.

• Luego te dirá el resultado y tú adivinarás el número elegido ¿Cómo?

• Simplemente dividiendo el resultado final por 9.

• Ejemplo:

- N° elegido: 5

- Multiplicado por 6: 30

- Dividido 2: 15

- Multiplicado por 3: 45

- Resultado por 9: 5, es decir, el número elegido.

PROHIBIDO EL 5

Edad: 7 años en adelante.

REGLAS DEL JUEGO

• Éste es un juego de números y cálculos: se trata de responder a preguntas aritméticas sin utilizar el 5. Se requiere de un director que controle y haga las preguntas.

• Te doy un ejemplo: Si el director pregunta a un participante cuánto es la suma de 42 más 3, el jugador no podrá contestar 45, sino, digamos, 46 menos 1, o cualquier otra combinación equivalente.

• Tendrá un tanto en contra, y a los 3 tantos tendrá una prenda, el jugador que:

- No conteste en 5 segundos.

- Dé un resultado aritméticamente errado.

- Dé un resultado correcto, pero en él se pronuncie la palabra cinco.

13

UNO, DOS, TRES

Edad: 7 años en adelante.

REGLAS DEL JUEGO

• Se necesitan por lo menos dos participantes.

• El juego consiste en que los participantes vayan diciendo números sucesivos, pero cada vez que se dice un número se deben decir también tres palabras que comiencen con la misma letra inicial del número. Las reglas son:

- No equivocarse en las palabras.

- No repetir palabras.

- No tardar más de cinco segundos en responder.

• Si un jugador se equivoca o no interviene a tiempo continúa el siguiente.

• A la tercera vez que pierde un participante tiene una prenda.

Ejemplo

- Jugador A: uno, único, uniforme, uva.

- Jugador B: dos, dedo, disco, distinto.

- Jugador C: tres, tomate, triste, trabajo.

- Jugador A: cuatro, coma, cosa, cuenta y así sucesivamente.

6 LA BUENA SUERTE DEL 13

Edad: 7 años en adelante.

MATERIALES

MAZO DE CARTAS DE PÓKER

REGLAS DEL JUEGO

• Para este juego debes tener en cuenta que el rey vale 13, la reina: 12, y el jack:11. Todas las otras cartas mantienen su valor.

• Mezcla bien las cartas y distribuye luego 10 cartas en dos filas.

• El juego consiste en retirar sólo las cartas que, combinadas de a dos, sumen 13 puntos.

• Si observas el dibujo, verás que, por ejemplo, puedes retirar el rey, la reina + el as, el 8 + el 5.

• Deja las cartas que retiraste aparte y reemplázalas por otras del mazo.

• El objetivo del juego es que logres retirar todas las cartas, sin que te quede ninguna.

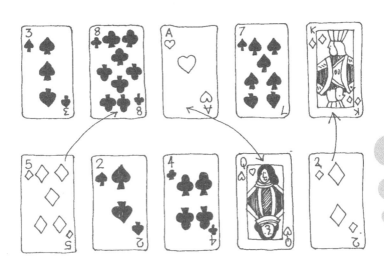

7 EL RELOJ

Edad: 7 años en adelante.

MATERIALES

MAZO DE CARTAS DE PÓKER

REGLAS DEL JUEGO

• Distribuye 12 cartas boca abajo en forma de círculo, como si fueran los números de un reloj.

• Coloca una carta en el centro del círculo, también boca abajo.

• A continuación reparte el resto de las cartas de la misma forma, de modo que queden 4 cartas en cada pila.

• Da vuelta primero la carta de arriba de la pila del centro. Si ésta es un 3, por ejemplo, colócala boca arriba en el lugar que le corresponde a este número en el reloj.

• Previamente retira la primer carta de esa pila, observa el número de esta otra carta y ubícala donde corresponda.

• Recuerda que para este juego el rey vale 13, la reina: 12, y el jack: 11.

• Continúa hasta que todas las cartas estén dadas vuelta y ubicadas como indica el dibujo.

8 NÚMEROS ENIGMÁTICOS

Edad: 8 años en adelante

¿CÓMO SE JUEGA?

• Los juegos que te propongo a continuación harán que te sientas un mago. En realidad se trata simplemente de trucos matemáticos que hacen que, cualquiera sea el número elegido por el otro, el resultado siempre sea el mismo.

EL ENIGMA DEL NÚMERO 3

• Se le pide al jugador que elija un número (pero que no lo diga en voz alta).

• A continuación se le solicita que realice los siguientes cálculos:

- multiplicar dicho número por 2;

- al resultado se le suma 6;

- luego dividir por 2;

- restar el número elegido en primer término al resultado anterior.

• El resultado final será siempre 3.

Ejemplo:

5 x 2 = 10

10 + 6 = 16

16 : 2 = 8

8 – 5 = 3

EL ENIGMA DEL NÚMERO 100

• Solicita a tu compañero que piense un número menor que 10 (excepto 0).

- Ahora, que le sume 29.

- Que tache la última cifra del resultado anterior.

- Que multiplique lo que queda por 10.

- Que le sume 4.

- Que multiplique el resultado por 3.

- Que le reste 2 al resultado.

• Y ahora ¡el número obtenido es 100!

Ejemplo:

2 + 29 = 3̸1̸

3 x 10 = 30

30 + 4 = 34

34 x 3 = 102

102 – 2= 100

EL ENIGMA DEL NÚMERO 12

• Solicita a tu compañero que piense un número menor que 10 y que no sea 0.

- Que lo multiplique por 5.

- Que lo duplique el producto.

- Al resultado que le añada 14.

- Ahora que le reste 8.

-Que tache la primer cifra del resultado anterior.

-Que divida por tres lo que queda.

-Que sume 10 al cociente.

•¡Y el resultado será siempre 12!

Ejemplo:

5 x 5 = 25

25 x 2 = 50

50 + 14 = 64

64 – 8 = 56

6 : 3 = 2

2 + 10 = 12

9 LA CALCULADORA VIVIENTE

Edad: 8 años en adelante.

REGLAS DEL JUEGO

• El primer jugador dice un número (es mejor comenzar con el número 2).

• El segundo jugador debe seguir con el doble de ese número. El tercer jugador con el doble anterior, y así sucesivamente.

• El jugador que se equivoca tiene un tanto en contra o queda eliminado. Lo mismo ocurrirá con el que no diga nada en 5 segundos.

• El juego es sencillo al comienzo pero se complica a medida que las cifras son cada vez mayores.

• Otra forma de hacer más difícil el juego es comenzar con un número más grande.

NÚMEROS MÁGICOS

Edad: 8 años en adelante.

REGLAS DEL JUEGO

• Propone a tus compañeros que realicen las siguientes operaciones aritméticas, pero que no te digan el resultado: tú lo adivinarás.

- Sumar el año de nacimiento al del año de entrada en la escuela primaria.

- A este resultado sumarle la edad actual más los años que hace que comenzó la escuela.

• Podrás adivinar el resultado fácilmente, aún sin conocer todos los datos anteriores. ¿Cómo? Muy simple: el resultado siempre será el doble del año en curso. Puedes hacer la prueba, no falla nunca porque no es magia sino simplemente aritmética.

Ejemplo

Año de nacimiento	1985
Año de ingreso a primaria	1991
Edad actual	10
Años de escolaridad	4
Total	**3990**

Año actual 1995 x 2 = **3990**

• Para hacer más creíble tu poder, puedes dejar escrito en un papel cerrado el resultado de tu cuenta, antes de que tus compañeros comiencen a hacer los cálculos. Luego compara lo que escribiste con el resultado al que arribaron los demás.

22

11 LA FECHA DE NACIMIENTO

Edad: 10 años en adelante.

REGLAS DEL JUEGO

• A partir de unas sencillas cuentas podrás adivinar el día y mes en el que nació cualquier persona.

• Para ello deberás indicarle a tu compañero que realice las siguientes operaciones:

- Escribir en una hoja el día del mes en el que nació.

- Multiplicar por 2.

- Multiplicar ese resultado por 10.

- Sumarle 73.

- Multiplicar por 5.

- A este resultado sumarle el número de orden del mes en que nació.

- Pídele a tu compañero que te diga a qué resultado llegó. A este número debes restarle 365.

• El resultado que hayas obtenido indicará lo siguiente: las dos primeras cifras el día del nacimiento y las 2 últimas el número de orden del mes.

Ejemplo

Fecha de nacimiento: 10 de julio.

$10 \times 2 = 20$

$20 \times 10 = 200$

$200 + 73 = 273$

$273 \times 5 = 1365$

$1365 + 7 = 1372$

$1372 - 365 = 10\text{-}07$

COSA RICAS

CAPÍTULO 2

Cocinar también puede convertirse en un entretenimiento, en un juego y, por qué no, en una forma de compartir con todos. Así que, chicos y chicas, ¡manos a la masa!

Recuerda que es necesario pedir permiso antes de invadir la cocina y que debes recurrir a la ayuda de una persona grande cuando tengas que trabajar con objetos filosos o con altas temperaturas (cuchillos, horno, hornallas).

12. GALLETITAS DE LIMÓN

Edad: 6 años en adelante.

INGREDIENTES

50 G DE MANTECA

6 CUCHARADAS DE AZÚCAR

2 CUCHARADAS DE MAICENA

6 CUCHARADAS DE LECHE

8 CUCHARADAS DE HARINA

RALLADURA DE CÁSCARA DE LIMÓN

JUGO DE ½ LIMÓN

PREPARACIÓN

• Enciende el horno.

• Bate la manteca con el azúcar.

• Agrega la fécula, leche, ralladura, jugo de limón y harina.

• Mezcla bien todos los ingredientes.

• Con una cucharita, echa la pasta en copitos en una asadera enmantecada.

• Coloca en horno bien caliente, pero cocina a fuego lento.

13 PALMERITAS CROCANTES

Edad: 5 años en adelante.

INGREDIENTES

TAPA PARA PASCUALINA

AZÚCAR

MANTECA

PREPARACIÓN

• Enciende el horno para que se vaya calentando. Pide ayuda porque puedes quemarte.

• Toma una de las tapas para pascualina y distribuye bastante manteca previamente derretida.

• Cubre luego toda la superficie con abundante azúcar.

• Corta rebanadas con un cuchillo bien filoso (es mejor que pidas ayuda a alguien mayor).

• Enmanteca una asadera y ubica las palmeritas de modo que no queden demasiado juntas una de otras.

• Con un pincel de cocina, pinta las palmeritas con manteca derretida y coloca un poquito de azúcar sobre cada una.

• Cocínalas a fuego moderado. Cuando veas que están doradas abajo, dalas vuelta y cocínalas unos 3 minutos, más o menos, del otro lado.

• Una vez listas, colócalas en un plato para que se enfríen, sin encimarlas para que no se peguen.

14 BOCADITOS DE DULCE Y COCO

Edad: 6 años den adelante.

INGREDIENTES

MASA

150 G DE HARINA

1 HUEVO

100 G DE MANTECA DERRETIDA

CUBIERTA

500 G DE DULCE DE LECHE

300 G DE AZÚCAR

1 HUEVO

100 G DE COCO RALLADO

PREPARACIÓN

• Mezcla bien todos los ingredientes de la masa (agrega más harina, si hiciera falta).

• Extiende la preparación en una fuente de horno chica enmantecada.

• Cubre con dulce de leche.

• Mezcla el azúcar con el huevo y el coco rallado y coloca la mezcla arriba del dulce de leche.

• Cocina en horno caliente hasta que el coco esté dorado.

• Retira, deja enfriar y corta en pequeños cuadrados.

TORTA DE VAINILLA

Edad: 6 años en adelante.

INGREDIENTES

2 TAZAS DE HARINA LEUDANTE

1 HUEVO

¾ TAZA DE LECHE

100 G DE MANTECA

¾ TAZA DE AZÚCAR

2 CUCHARADITAS DE ESENCIA DE VAINILLA

RALLADURA DE LA CÁSCARA DE UN LIMÓN

PREPARACIÓN

• Coloca en un bol la manteca, el azúcar, el huevo y bate hasta lograr una crema uniforme.

• Agrega la harina, alternando con la leche, la cáscara de limón y la esencia de vainilla. Mezcle todo muy bien.

• Enmanteca y espolvorea con harina en un molde de 20 cm de diámetro y coloca la preparación.

• Cocina a horno moderado alrededor de 45 minutos.

CHOCOTORTA

Edad: 6 años en adelante.

INGREDIENTES

1 POTE DE 240 G DE QUESO CREMA

¼ KILO DE DULCE DE LECHE

500 G DE GALLETITAS DE CHOCOLATE

CAFÉ

PREPARACIÓN

• Mezcla el queso crema con el dulce de leche.

• Humedece con el café tibio las galletitas de chocolate.

• Alterna capas de galletitas con la mezcla anterior.

• Lleva a la heladera y deja enfriar.

17 POSTRE DE MANZANAS

Edad: 6 años en adelante.

INGREDIENTES

1 KILO DE MANZANAS

1 TAZA DE HARINA

1 TAZA DE AZÚCAR

200 G DE MANTECA

JUGO DE LIMÓN

CANELA

PREPARACIÓN

- Pela las manzanas y córtalas en rodajas finitas.

- Enmanteca y enharina un molde para horno.

- Coloca las rodajas de manzana en el molde.

- Rocía con el jugo de limón.

- Mezcla la harina con el azúcar y distribuye por arriba de las manzanas.

- Cubre todo con la manteca cortada en rodajas finitas y espolvorea con la canela.

• Cocina a fuego moderado hasta que la parte de arriba esté dorada y durita.

• Es muy rico comer este postre cuando aún está tibio. Al servirlo, puedes agregarle un poquito de crema.

18 PAÑUELITOS DE DULCE

Edad: 6 años en adelante.

INGREDIENTES

100 G DE MANTECA

100 G DE QUESO BLANCO

100 G HARINA LEUDANTE

450 G DE MERMELADA

AZÚCAR IMPALPABLE

PREPARACIÓN

• Prepara una masa con la manteca, el queso blanco y la harina.

• Deja descansar la masa en la heladera 20 minutos.

• A continuación estira la masa con un palote, corta en cuadrados y coloca en el centro una cucharada de la mermelada que desees.

• Une las cuatro puntas del cuadrado formando una bolsita y aprieta bien.

• Cocina en horno moderado hasta que estén bien dorados.

• Al retirarlos del horno, espolvorea los pañuelitos con azúcar impalpable.

19 HELADO DE VAINILLA

Edad: 7 años en adelante.

INGREDIENTES

1 CUCHARADITA DE ESENCIA DE VAINILLA

6 YEMAS

200 G DE AZÚCAR

600 G DE LECHE

PREPARACIÓN

• Coloca en un bol todos los ingredientes y bate hasta que queden bien mezclados.

• Coloca la preparación al fuego, revolviendo continuamente.

• Importante: No debe hervir, debes retirarla justo antes de que comience el hervor.

• Deja entibiar y luego vierte el preparado en un recipiente grande o en varios individuales.

• Llévalo al congelador o freezer.

• *Variante*: Si le agregas 2 cucharadas de cacao o 3 barritas de chocolate rallado bien fino, obtendrás un delicioso helado de chocolate.

BANANAS HELADAS

Edad: 5 años en adelante.

INGREDIENTES

BANANAS

PALITOS DE HELADO

CHOCOLATE PARA TAZA

PREPARACIÓN

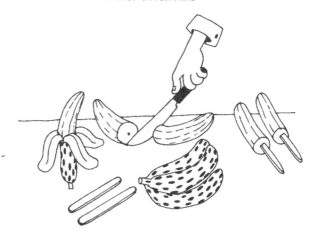

• Corta algunas bananas por la mitad y clávalas en un palito de helado.

• Colócalas en el freezer o congelador.

• Mientras las bananas se enfrían, llena una cacerola con un poco de agua y coloca adentro otra más pequeña.

• Enciende el fuego.

• Coloca varias barritas de chocolate en la cacerolita pequeña. A medida que el agua se calienta, el chocolate se irá derritiendo. Este procedimiento se llama baño María.

• Cuando las bananas estén congeladas, retíralas y sumérgelas en el chocolate derretido.

• Si lo deseas, también puedes agregarle al chocolate algunas nueces picadas.

• Cubre cada banana con papel aluminio y colócalas nuevamente en el freezer o congelador.

• Esperar unos minutos hasta que el chocolate se enfríe y luego ¡a comerlas!

ARTESANÍAS Y MANUALIDADES

CAPÍTULO 3

*El arte y las manualidades son un medio
para expresar los sentimientos, una forma
de embellecer el mundo y el lugar donde vives,
pero por sobre todas las cosas
queremos que estas actividades te sirvan para pasar
un buen momento y que puedas compartirlo con
quien desees.*

21 SIMETRÍAS DE PAPEL

Edad: 7 años en adelante

MATERIALES

PAPEL BARRILETE DE COLOR

LÁPIZ

TIJERA

PROCEDIMIENTO

• Corta un rectángulo de papel barrilete del tamaño que desees el trabajo. Puedes ser, por ejemplo, de 10 x 15 cm.

• Dobla el rectángulo por la mitad y dibuja el motivo que quieras.

• Recuerda que la parte del papel donde está doblado será el centro cuando esté abierto. Por lo tanto, sólo dibujarás las mitad del diseño.

• Te facilitará el trabajo si primero haces el dibujo en una hoja de calcar, la doblas luego por la mitad y trasladas entonces esta parte al papel barrilete.

• Suavemente sombrea con lápiz las partes del motivo que decidiste cortar.

• A continuación recorta el borde extremo y luego las partes internas sombreadas.

• Abre el papel y pégalo en una hoja blanca del mismo tamaño. Verás cómo esto dará un hermoso efecto al trabajo.

22 TINTA NATURAL

Edad: 5 años en adelante.

MATERIALES

COLADOR

BOL

½ TAZA DE MORAS (PUEDES PROBAR TAMBIÉN CON UVAS, FRUTILLAS, ETC.)

1 CUCHARADITA DE SAL

½ CUCHARADITA DE VINAGRE

PROCEDIMIENTO

• Coloca el colador con las frutas sobre el bol.

• Presiona las moras contra el colador para extraerles el jugo. Tira lo que quede de la pulpa y las semillas.

• Agrega la sal y el vinagre al jugo (agrega también un poquito de agua si la tinta es demasiado espesa).

• Guárdalo en un frasco tapado.

• Puedes utilizar la tinta para escribir o dibujar.

23 REMERA PINTADA A MANO

Edad: 7 años en adelante.

MATERIALES

REMERA LISA DE ALGODÓN BLANCA

PAPEL DE CALCAR

3 CARTONES DE 20 X 20 CM (O DEL TAMAÑO QUE QUIERAS EL DIBUJO)

PINTURA PARA TELA

PAPEL ABSORBENTE

TIJERA

PROCEDIMIENTO

• Dibuja el diseño que hayas elegido para la remera en el papel de calcar. Aquí te doy una idea, pero puedes hacer el dibujo que desees.

• Marca suavemente un cuadrado alrededor del diseño y marca cada uno de los extremos con un punto (observa el dibujo).

• Traslada el círculo a uno de los cartones. Marca también los cuatro puntos de los extremos.

• Luego traslada los puntos y el contorno del continente.

• Finalmente traslada la palabra "América" al último de los cartones, junto a los puntos respectivos.

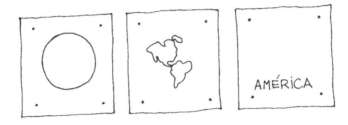

• Con mucho cuidado recorta el interior del motivo dibujado en cada cartón.

• Realiza pequeños agujeros en cada uno de los puntos de las esquinas.

• Coloca la remera en una superficie plana y ubica una hoja de diario dentro de la remera. Alísala con cuidado para que no quede ninguna arruga.

• Ubica el primer cartón sobre la remera y fíjalo con cinta adhesiva.

• Con un lápiz de punta bien fina marca los cuatro puntos.

• Pinta con pincel toda el área del círculo con color azul. Comienza a pintar de afuera hacia adentro y utiliza la menor cantidad de pintura posible.

• Deja que se seque la pintura y luego saca el cartón.

• Coloca el segundo cartón en la remera, haciendo coincidir con total exactitud los puntos de éste con los de la remera. Fija el cartón con cinta adhesiva.

• Pinta de color verde el espacio abierto. Deja secar y saca el cartón.

- Procede de la misma forma con el tercer cartón.

- Deja secar la remera durante 24 horas.

- Saca luego la hoja de diario y reemplázala por papel absorbente.

- Coloca también algunas hojas de este papel sobre el dibujo y plancha la remera durante 3 minutos con bastante calor. Esto hará que la pintura sea más resistente a los lavados.

PINTURA CON ESPONJAS

Edad: 6 años en adelante.

MATERIALES

MACETA O FRASCO

TÉMPERA (O PINTURA ESPECIAL PARA VIDRIO)

ESPONJA

TIJERA

PROCEDIMIENTO

• Lava la maceta y déjala secar.

• Corta la esponja en pedazos. Si lo deseas, puedes darle alguna forma (estrellas, corazones, letras, etc.).

• Coloca un poco de pintura sobre uno de los trozos de esponja y escurre el exceso en un papel de diario.

• Presiona la esponja en distintos lugares de la maceta hasta cubrir toda su superficie. Puedes utilizar diferentes colores y así ir creando los diseños que quieras.

25 ESCULTURAS EN JABÓN

Edad: 8 años en adelante.

MATERIAL

PAN DE JABÓN BLANCO

CUCHILLO PEQUEÑO

LÁPIZ

PROCEDIMIENTO

• Realizar varios bocetos en papel de la figura que deseas hacer, antes de comenzar a tallar.

• Dibuja cómo se vería de arriba, de abajo, de adelante y de atrás. Realiza estos esquemas en el tamaño que tendrá luego la figura.

   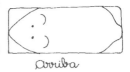

Frente   atrás   Lateral   arriba

• Con el lápiz dibuja con cuidado en el jabón el contorno de tu diseño.

• Sosteniendo firmemente con una mano el jabón, comienza a tallar.

• Trabaja despacio. Recuerda que siempre puedes sacar un poco más de jabón, pero no puedes reemplazar lo que ya sacaste.

• Cuando hayas terminado de tallar, humedece un poquito el jabón y pásale un paño suave.

• Deja sacar la escultura durante varios días.

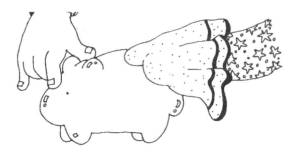

MOSAICO DE COLORES

Edad: 7 años en adelante.

MATERIALES

PAPEL GLASÉ DE DIFERENTES COLORES

LÁPIZ

TIJERA

REGLA

HOJA DE PAPEL CANSON NEGRO

GOMA DE PEGAR

PROCEDIMIENTO

• Corta el papel de color en cuadraditos de 1 cm de lado. La forma más rápida de hacerlo es marcar primero el papel con líneas separadas por 1 cm.

• Corta por estas rayas, junta luego las tiras y corta cada 1 cm.

• Guarda por separado cada color.

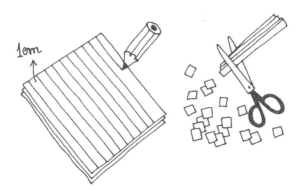

• Dibuja el diseño que quieras realizar en el papel negro. Te recomiendo comenzar con un dibujo sencillo.

• Comienza a cubrir cada parte del dibujo pegando los cuadraditos (no pongas demasiado pegamento y distribúyelo bien con el dedo).

• Deja un pequeño espacio entre cada cuadradito.

• Para rellenar los espacios curvos o muy pequeños puedes recortar los cuadraditos en trozos más pequeños.

27 TUTTI FRUTTI DE PAPEL MACHÉ
Edad: 6 años en adelante.

MATERIALES

PAPEL DE DIARIO

HARINA

AGUA

CACEROLA

TÉMPERAS DE COLOR

CINTA ADHESIVA

PROCEDIMIENTO

• Mezcla bien en una cacerola ¼ taza de harina con 4 tazas de agua.

• Déjalo hasta que tome una consistencia cremosa y suave (revuelve constantemente para que no se hagan grumos). Déjalo que se enfríe.

• Mientras tanto rompe en pequeños pedazos varias hojas de diario y guárdalas por unos instantes.

• Con hojas de papel de diario enteras forma distintas frutas. Por ejemplo:

- Una pera son dos bollos de papel (uno más grande y otro más chico) unidos con una cinta adhesiva.

pera

banana

uvas

- Una banana puede hacerse con un bollo bastante achatado al que le darás forma de curva.

- Las uvas pueden hacerse con varios bollitos pequeños unidos con pedacitos de cinta adhesiva.

• Cubre cada una de las frutas con los pedacitos de papel de diario que habías recortado antes, empapados con la mezcla de harina y agua.

• Debes ir superponiendo los papeles, hasta hacer por lo menos tres capas (esto lo hará más resistente).

• Para mejores resultados deja que cada capa de papelitos se seque antes de pegar otra. Es importante que la última capa quede lo más lisa posible.

• Deja secar durante tres a cinco días.

• Decora con témpera cada una de las frutas haciendo las combinaciones de colores necesarias para que se parezcan lo más posible a las naturales.

Variante:

Puedes utilizar esta técnica para realizar cualquier objeto que desees: muñecos, animales, etc.

UN PULPO COQUETO

Edad: 5 años en adelante.

MATERIALES

MADEJA DE LANA DE COLOR

CARTÓN DE APROXIMADAMENTE 50 CM DE LARGO

ESFERA DE TELGOPOR MEDIANA

CINTA

TIJERA

GOMA DE PEGAR

PAÑO LENCI

PROCEDIMIENTO

• Ovilla la madeja de lana a lo largo del cartón.

• Con un pedacito de lana ata todas la hebras de uno de los extremos del rectángulo.

• Con una tijera corta todas las hebras del otro extremo (ver dibujo).

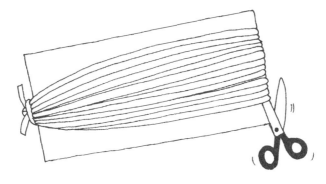

• Coloca, con cuidado, toda la lana, con el extremo atado hacia arriba, sobre la esfera de telgopor.

- Distribuye la lana para que cubra toda la esfera.

- Con un pedacito de lana ata con fuerza toda la lana en la parte inferior de la esfera.

- Divide toda la lana en ocho partes iguales, haciendo un nudo suave en el extremo para que no se desarme.

- Toma cada una de estas partes y realiza una trenza (si no te sale puedes pedir a alguien mayor que te ayude). Al terminar átala con un pedacito de lana.

- Recorta en paño lenci los ojos y la boca y pégalos con goma de pegar en la cabeza.

- Colócale un lindo moño con una cinta en el cuello y, si quieres, con cinta más finita del mismo color puedes hacerle moños en cada una de las trenzas.

- ¿Qué nombre le pondremos a nuestro pulpo?

29 ¡A NAVEGAR!

Edad: 6 años en adelante.

MATERIALES

11 PALITOS DE HELADO

CEMENTO DE CONTACTO

PAPEL

FIBRAS

PROCEDIMIENTO

• Coloca seis palitos de helado juntos, bien alineados.

• Pega en forma perpendicular un palito a 2 cm de un extremo y otro palito a 2 cm del otro extremo.

• Deja secar y recuerda que este lado irá hacia abajo.

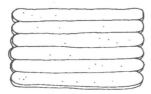
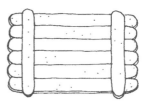

• Con otro de los palitos forma un mástil, pegándolo en el centro de la balsa.

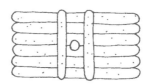

• Pega luego dos palitos más, en forma transversal, en el medio de la balsa (observa el dibujo).

• Corta la vela en papel blanco y decórala como quieras.

• Hazle dos orificios y pásala a través del mástil.

• ¡Tu balsa ya está lista para cruzar los siete mares!

30 UNA REMERA CANCHERA
Edad: 7 años en adelante.

MATERIALES
CAMISETA BLANCA DE ALGODÓN
TINTURA ANILINA PARA TEÑIR EN FRÍO
PIOLÍN FUERTE DE ALGODÓN

PROCEDIMIENTO

• La camiseta debe estar seca, pero sin apresto, por lo cual es mejor enjuagarla antes.

• Los dibujos se logran atando en diferentes formas partes de la remera. Según el diseño que quieras hacer es la forma en que vas realizar los nudos: Por ejemplo:

- Para lograr un círculo grande en el medio se ata una piedrita mediana en el centro de la camiseta y a partir de esa atadura, se van haciendo otros nudos. Habrá tantos círculos concéntricos como ataduras hagas.

- Para hacer varios círculos pequeños en toda la camiseta: se hacen varios nudos con piedritas distribuidos por todos lados.

- Para lograr un motivo con rayas hay que hacer, a la altura que uno desea, ataduras en forma horizontal. Hay que dejar un espacio entre atadura y atadura para que las rayas se diferencien con claridad.

IMPORTANTE

- Las ataduras deben hacerse bien fuertes.

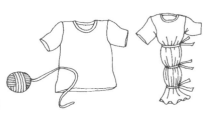

- Sigue las instrucciones del paquete de anilina para teñir la camiseta atada.

- Debes tener mucho cuidado porque puedes mancharte la ropa.

- Enjuaga luego la remera sin desatar los nudos.

- Se pone a secar atada, hasta que quede perfectamente seca.

- ¿A dónde vamos a pasear?

Variante:

Utilizar la misma técnica para realizar modernos almohadones para tu dormitorio.

31 METEGOL

Edad: 6 años en adelante.

MATERIALES

CAJA GRANDE DE CARTÓN

2 PAJITAS (SORBETES)

TIJERA

PAPEL AFICHE

FIBRAS

PELOTITAS DE PING-PONG

PROCEDIMIENTO

• Corta la caja grande de modo que quede de 7 cm de altura.

• Realiza dos aberturas en los bordes más chicos para formar los arcos, como indica el dibujo.

cortar aquí

• Forra el fondo de la caja con papel afiche verde (o píntalo con témpera) para simular el césped. Puedes pintar también con témpera blanca las distintas líneas de la cancha de fútbol.

• Coloca una pelotita de ping-pong en medio de la cancha. Utiliza pajitas para soplar y mover la pelota hasta hacer el gol.

32 UNA VENTANA CON VISTA
Edad: 6 años en adelante.

¿Tu cuarto o tu aula no tiene ventanas o te aburriste de mirar siempre lo mismo? Te propongo que hagas una ventana para que mires a través de ella hacia donde quieras.

MATERIALES

CARTÓN

PAPEL AFICHE

CARTULINA

CELOFÁN

TIJERA

GOMA DE PEGAR

TÉMPERAS, FIBRAS Y CRAYONES

PROCEDIMIENTO

• Tu ventana puede tener la forma que quieras: redonda, cuadrada, rectangular, etc.

• Corta el marco en el cartón según la forma elegida. Por ejemplo: redonda como un ojo de buey o rectangular y dividida en cuatro partes.

• Forra el marco con papel afiche del color que quieras.

• Recorta una cartulina de acuerdo a la medida del marco, de modo que ésta sea el fondo de tu ventana.

• Elige el color de la cartulina de acuerdo con lo que quieras ver a través de tu ventana (azul si es el mar, verde si es la selva o el bosque, etc.)

• Dibuja en la cartulina lo que quieras. Te doy algunas sugerencias:

- Un ojo de buey de un barco y que se vea el mar.

- La ventana de una nave espacial y de allí ves el espacio exterior.

- Tal vez regresaste en el tiempo y estás en la era de los dinosaurios... o en una playa, un bosque, un jardín, etc., etc.

• Una vez terminado el dibujo, si quieres puedes cubrirlo con papel celofán transparente. Éste protegerá tu lámina y a la vez dará la sensación de mirar a través de un vidrio.

• Pega encima el marco y ¡listo!

33 MENSAJES EN LA PUERTA

Edad: 6 años en adelante.

Tal vez quieras avisarle a los demás el riesgo que corren si entran a tu habitación. O tal vez estén muy concentrados con alguna interesante actividad en el aula. Para eso... ¡mensajes en la puerta!

MATERIALES

CARTULINA

HILO O LANA

BROCHE PARA PAPELES

FIBRAS

PROCEDIMIENTO

• Corta al menos 6 rectángulos de unos 15 por 10 cm (o puedes usar las fichas que se compran de la medida que deseas).

• Perfora la parte superior de cada una con 2 orificios.

• Enhebra todos los cartones, pasando un hilo fino o lana por cada orificio.

• Escribe diferentes mensajes de ambos lados de cada tarjeta.

• Coloca un broche para sostener los cartones (como lo indica el dibujo).

• Pasa un hilo por el broche y cuélgalo del picaporte de la puerta.

• Según el día y tus actividades irás cambiando los mensajes.

34 PORTALÁPICES Y PAPELERO
Edad: 5 años en adelante.

MATERIALES

LATA GRANDE PARA EL PAPELERO (DE APROXIMADAMENTE 5 LITROS)

LATA PEQUEÑA PARA EL PORTALÁPICES (DE TOMATES, POR EJEMPLO)

GOMA DE PEGAR

PINCEL

ELEMENTOS PARA LA DECORACIÓN

PROCEDIMIENTO

• El procedimiento es el mismo para realizar el portalápices y el papelero. Sólo cambia el tamaño del recipiente.

• Para la decoración puedes utilizar: postales, dibujos o fotos recortadas de revistas, estampillas viejas, etc.

• Pega cada unos de los elementos elegidos con adhesivo en la parte externa de la lata.

• Puedes cubrirla como más te guste, sin que estén todos derechos, incluso hasta pueden superponerse un poco. También puedes hacer un cartel indicando para qué vas a usar el recipiente. Por ejemplo: papelero, portalápices, pinceles, guardatodo, etc.

• Coloca goma de pegar blanca en un recipiente y, con un pincel, cubre todas las figuras.

• Deja secar todo un día.

• Al día siguiente vuelve a darle otra mano más de goma de pegar.

• Deja secar y aplica por lo menos dos manos más.

35 ALCANCÍA AFORTUNADA
Edad: 6 años en adelante.

MATERIALES

CARTÓN

REGLA

TIJERA

LÁPIZ

PAPEL GLASÉ, TÉMPERAS, FIBRAS

PROCEDIMIENTO

• Dibuja en el cartón el plano indicado abajo, respetando las medidas señaladas. No olvides marcar las líneas de punto porque por allí debes hacer luego los pliegues.

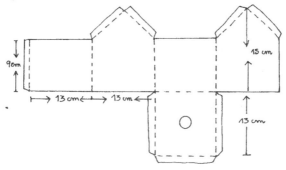

• Recorta las paredes y el techo de la alcancía y no te olvides de la ranura del techo y el orificio en la base para que puedas sacar las monedas (la medida de éstos debe ser adecuada para poner y sacar las monedas con facilidad).

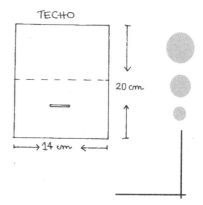

67

• Decora las paredes y el techo con papel glasé, fibras o témperas. Es mejor realizar esto antes de armarla.

• Sobre la base indicada puedes hacer un banco, un castillo, el cofre de un pirata, la caja de un arqueólogo, etc.

• Pega un círculo de papel en la base de la alcancía para tapar el orificio.

• Dobla el cartón por las líneas punteadas y pega las aletas a las paredes con cuidado y luego adhiere el techo.

• Para sacar el dinero de la alcancía retira el papel que cubre el orificio de la base. Una vez vaciada la alcancía, coloca nuevamente un papel.

• Y recuerda: El ahorro es la base de la fortuna.

CASA O GARAJE

Edad: 5 años en adelante.

MATERIALES

4 CAJAS DE ZAPATOS

PAPEL AFICHE

CARTULINA

GOMA DE PEGAR

PROCEDIMIENTO

• Pega las cuatro cajas juntas, como indica la figura, con el lado abierto hacia ti.

• Corta dos rectángulos de cartulina de tal tamaño que doblados por la mitad formen el techo. Si lo deseas puedes dibujar en el techo las tejas, la ventana del altillo, etc.

• Forra con papel afiche del color que quieras el interior de la caja.

• Dibuja los accesorios en el interior de cada ambiente, según el destino que le des.

• Puede ser desde una hermosa casita de muñecas, hasta un gran garaje para estacionar tus autitos.

37 UNA COCINA Y UNA HELADERA

Edad: 5 años en adelante.

¿Qué te parece armar fácilmente una cocina para el rincón de juegos? con heladera y todo, para poder prepararle la comida a las muñecas? Tal vez esto pueda ser un buen complemento de la actividad anterior.

MATERIALES

2 CAJAS DE ZAPATOS

TÉMPERAS

CINTA ADHESIVA

FIBRAS

TIJERAS

CARTÓN

PROCEDIMIENTO

LA HELADERA

• Coloca parada una caja de zapatos, con la abertura mirando hacia ti.

• Corta dos estantes en cartón de la misma medida que el interior de tu caja siguiendo este dibujo:

• Realiza 2 cortes para cada estante en los laterales de la caja.

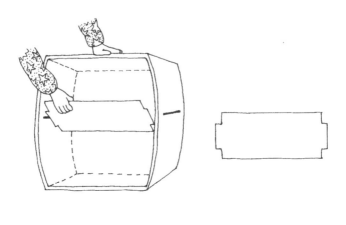

- Presiona suavemente la parte superior de la caja para poder colocar los estantes.

- Pinta la caja y la tapa con témpera blanca o fórrala con papel afiche.

- Dibuja el freezer y las manijas con fibra.

- Adhiere la tapa a la caja utilizando cinta adhesiva.

- Corta figuras de comida de las revistas, pégalas sobre cartón y luego guárdalas en la heladera.

 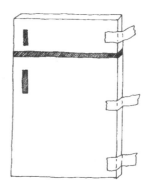

• LA COCINA

- Toma la otra caja y corta la puerta del horno en uno de sus laterales, tal como indica el dibujo.

- Pinta la caja del color que desees (blanco, marrón, etc.).

- Dibuja luego las perillas y las hornallas en la tapa.

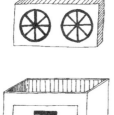 

38 MI AUTOBIOGRAFÍA

Edad: 7 años en adelante.

Una autobiografía es la historia de la vida de una persona, escrita por esa misma persona. Porque ¿quién sabe más a cerca de uno que uno mismo? Sólo tú sabes exactamente qué personas, lugares y momentos han sido importantes para ti, qué cosas te interesan y cuáles son tus sueños.

¿Qué te parece hacer un libro (o al menos intentarlo) sobre ti mismo, para ayudar a los demás a que te conozcan un poco más?

MATERIALES

HOJAS DE PAPEL

LAPICERA

FOTOS

PROCEDIMIENTO

• Aquí te doy algunas sugerencias sobre tus primeros recuerdos de cuando eras muy pequeño. Si quieres, puedes preguntar a tu familia los datos que te falten.

• Aquí hay algunos capítulos que tal vez quieras incluir:

- mi primer año de vida;

- mi familia;

- mi mejor amigo;

- la escuela;

- mis vacaciones;

- mi casa y mi barrio;

- lo mejor que me ha pasado;

- el momento más difícil de mi vida;

- mi mayor sueño;

- cuando sea grande; etc.

• Puedes incluir fotografías y dibujos.

• Y, como la vida continúa, tu libro irá creciendo contigo agregándole más capítulos a medida que los años pasan.

39 LA CÁPSULA DEL TIEMPO

Edad: 6 años en adelante.

Te propongo que ocupes un lugar importante en la historia construyendo tu propia cápsula del tiempo, con información sobre ti y la época y lugar donde vives, para que alguien en el futuro la abra y te conozca y, a través tuyo, conozca a todos los que compartimos algo contigo.

MATERIALES

CAJA GRANDE

FOTOS

PAPEL

LÁPIZ

CINTA ADHESIVA ANCHA

PROCEDIMIENTO

• Busca una caja lo suficientemente grande para que entre todo tu mundo y resistente para que dure muchos años.

• Elige las cosas que guardará allí: elementos importantes de tu vida, de esta época, de tu barrio, de tu país, etc.

• Por ejemplo:

- Una foto actual tuya y de tu familia. Atrás podrás escribir el nombre de todos y sus años.

- Si tienes alguna mascota, también puedes incluir su foto y cómo se llama.

- ¿Dónde vives? Puedes poner una foto de tu casa y hacer un plano de tu barrio indicando los lugares importantes.

- ¿Qué hay acerca de tu escuela y tus compañeros? Tal vez una foto de ellos con sus nombres sea una buena idea.

- Una carta para el futuro. ¿Qué te parece un mensaje personal dirigido a quien encuentre la cápsula? Es importante escribir la fecha, especialmente el año en el cual haces el mensaje.

- Incluye también: un relato sobre las cosas que haces cada día (colegio, deportes, etc.), las comidas que más te gusta, los medios de transporte que utilizas. Describe en qué trabajan tus padres y cualquier otra cosa que te parezca importante.

- Un diario completo.

• Una vez que hayas terminado de guardar todo, tápala bien, sella la tapa con cinta adhesiva blanca y resistente.

• Colócale una etiqueta que diga: No abrir hasta el año...

• Busca un lugar seguro y secreto donde dejar tu caja. Recuerda que nadie debe abrirla hasta la fecha indicada.

JUGUEMOS CON PALABRAS

CAPÍTULO 4

*Estos juegos están pensados para trabajar
con palabras y la expresión oral.
Los adultos deberán coordinar las actividades. Si se
adaptan las consignas pueden jugar desde los más
chicos hasta los grandes.*

40 UN MUNDO DE COLORES
Edad: 3 años en adelante

REGLAS DEL JUEGO

• El coordinador elige un color, por ejemplo azul.

• Cada participante, a su turno, debe nombrar un objeto del color elegido.

• Se puede delimitar el área de juego. Por ejemplo, la primer ronda puede ser la ropa de los participantes; la segunda, el interior de los medios de transporte; la tercera, objetos que se ven en una plaza.

• Aquel participante que no dice nada cuando le toca su turno, o repite un objeto ya nombrado, pierde.

CARAS Y CARITAS

Edad: 3 años en adelante.

REGLAS DEL JUEGO

• El coordinador le propone a cada participante un estado de ánimo diferente, por ejemplo: alegría, tristeza, enojo, miedo, etc., sin que los demás se enteren.

• A su turno, cada uno debe interpretar de la mejor manera posible ese estado de ánimo, y los demás deberán descubrir de qué se trata.

42 EL QUE SE RÍE, PIERDE

Edad: 3 años en adelante.

REGLAS DEL JUEGO

• Se divide a los participantes en parejas.

• Uno de los dos debe permanecer serio y con la expresión fija, mientras el otro trata de hacerlo reír haciendo todo tipo de muecas.

• Al cabo de un tiempo se invierten los papeles. Gana el que pueda permanecer más tiempo sin reírse.

43 CADENA DE PALABRAS

Edad: 4 años en adelante.

REGLAS DEL JUEGO

• El coordinador elige un tema que todos los chicos conozcan, por ejemplo: los juguetes.

• Comienza la ronda diciendo: "Fui a la juguetería a comprar un osito".

• El primer participante repite la frase y agrega un elemento más. El segundo repite lo dicho hasta ese momento, agregando un objeto nuevo.

• Así va siguiendo la ronda, eliminando a los participantes que se equivocan, hasta que sólo quede el ganador.

Edad: 4 años en adelante.

REGLAS DEL JUEGO

• El coordinador comienza a contar una historia de la siguiente manera: "Yo estaba caminando por el parque un día ¿A que no saben lo que vi?".

• El primer participante debe contestar rápidamente la pregunta con algo que tenga sentido. Por ejemplo: una casa.

• Todos los participantes responden al mismo tiempo: "¿Qué había en la casa?".

• El jugador que sigue el turno responde, por ejemplo: "Una cocina".

• Nuevamente preguntan todos: "¿Qué había en la cocina?".

• El participante al que le toca responde la pregunta.

• Así continúa hasta que sea imposible seguir preguntando y respondiendo.

45 UNA HISTORIA RUIDOSA
Edad: 3 años en adelante.

REGLAS DEL JUEGO

• El coordinador comienza a relatar una historia. Cada vez que dice alguna palabra que indica ruido o movimiento, los jugadores imitan el sonido y la acción correspondiente.

• Aquí te damos un ejemplo de una historia para contar:

"Había una vez un chico que estaba caminando por la calle (ruido de pasos). De pronto se detuvo (silencio), estaba escuchando repiquetear una campana (sonido de campana). Debo apurarme y correr para llegar a casa, o me quedaré sin almorzar, pensó el chico (ruido de pasos rápidos)".

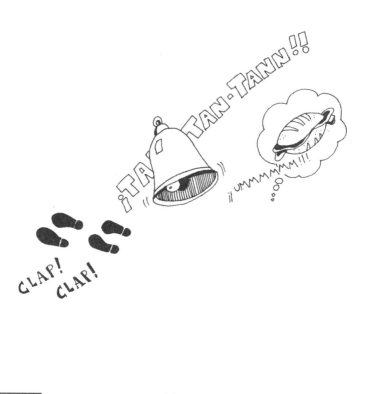

46 ¿QUÉ HAY EN LA BOLSA?

Edad: 3 años en adelante.

REGLAS DEL JUEGO

• Colocar en una bolsa (que no sea transparente) varios objetos de diferente tamaño y forma.

• Cada participante, por turno, debe meter la mano en la bolsa y, sin mirar, tratar de identificar los objetos que se encuentran en ella.

• Gana el que logra más aciertos.

47 SÓLO CON MONOSÍLABOS

Edad: 7 años en adelante.

REGLAS DEL JUEGO

• Se juega por lo menos con tres participantes.

• Uno debe ser el director y será el encargado de hacer preguntas muy concretas a cada uno de los participantes que deberán contestar con por lo menos tres monosílabos.

• Cada jugador contará con 5 segundos para contestar. Con 3 puntos en contra queda descalificado y tiene prenda.

Ejemplo

- Director: ¿Te gusta viajar en tren?

- Jugador A: Oh, sí, ya.

- Director: ¿Tienes dos hermanos?

- Jugador B: Más: son tres.

- Director: ¿Tienes muchos años?

- Jugador C: Más que tú.

48 CARRERA CONTRA EL RELOJ

Edad: 6 años en adelante.

REGLAS DEL JUEGO

• Cada jugador dispone de 1 minuto. En ese tiempo deberá decir la mayor cantidad de palabras que empiecen con la misma letra.

• Las palabras deben ser del idioma, no extranjeras, ni inventadas y no vale repetir.

• El primer participante comienza con la letra A, el segundo con la letra B, el tercero con la letra C y así sucesivamente.

• Gana el que haya dicho el mayor número de palabras.

49 SIEMPRE CON LA MISMA LETRA

Edad: 6 años en adelante.

REGLAS DEL JUEGO

• El coordinador, por turno, irá haciendo una pregunta a cada participante.

• Los participantes sólo podrán responder armando una oración con sentido completo, usando palabras que empiecen con la letra que le haya indicado el coordinador.

• Gana el que haya respondido utilizando mayor cantidad de palabras.

Ejemplo

- Coordinador: ¿Qué vas a hacer durante las vacaciones?

- Jugador: Pasear por praderas, por los parques, practicar pelota, paleta, pisar el pasto.

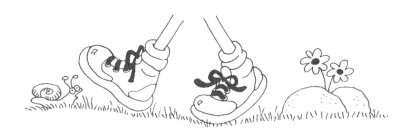

50 FRASES Y CIUDADES
Edad: 10 años en adelante.

REGLAS DEL JUEGO

• El coordinador le asigna a cada jugador el nombre de una ciudad.

• En un tiempo prudencial (alrededor de 3 minutos) cada participante debe armar una frase en la cual utilice el nombre de la ciudad pero partido, de modo que quede parte en una palabra y parte en otra.

• La frase debe tener sentido.

• El jugador que no resuelva el problema o lo resuelva incorrectamente, tendrá un tanto en contra. A los tres tantos en contra debe pagar una prenda.

Ejemplo

- En esta zona se respiran buenos aires (Buenos Aires).

- Todos fueron recibidos con cordialidad (Concordia).

- Desde esta ventana puedo ver los lindos paisajes (Berlín).

51 CACERÍA DE PALABRAS

Edad: 6 años en adelante.

MATERIALES

DIARIOS Y/O REVISTAS

LÁPIZ

REGLAS DEL JUEGO

• Cada jugador tiene en su poder dos o tres páginas de revistas o diarios y un lápiz.

• Participan todos al mismo tiempo. Al dar la orden de iniciar, deben buscar y subrayar palabras que correspondan a una clase dada.

• Se da un tiempo para realizar la búsqueda: 5 minutos aproximadamente, según la cantidad de hojas repartidas y la edad de los participantes.

Ejemplo

• Subrayar todas las palabras que comiencen con la sílaba te, o las que terminen con la sílaba mente, o buscar todos los nombres de varón que aparezcan.

• Al cabo del tiempo estipulado, se cuentan las palabras subrayadas correctamente.

• Gana el que mayor número de palabras haya encontrado o paga una prenda el que haya marcado menos.

52 LLEGA EL TREN

Edad: 6 años en adelante.

REGLAS DEL JUEGO

• El coordinador comienza el juego con la frase: "Llega el tren de...". Aquí puede elegir el nombre de la ciudad que prefiera.

• A continuación designa al participante que comienza a jugar y continúa la frase: "Llega cargando hasta el tope de...". Aquí debe proponer la letra que será la inicial de las palabras que los jugadores deberán decir.

• Se le asigna 1 minuto a cada uno.

• Aquel que no dice nada, se equivoca o repite una palabra pierde o tiene un punto en contra.

Ejemplo

- Coordinador: Llega el tren de Bariloche, cargando hasta el tope de... c.

- Jugador: carbón, carpas, cebollas, cabras, cítricos, calefones, etc.

• Este juego puede adaptarse a distintas consignas para comenzar.

• Por ejemplo, la frase del comienzo puede ser: "Encontré el tesoro de un pirata. El cofre contenía...".

53 ADIVINA, ADIVINADOR
Edad: 6 años en adelante.

REGLAS DEL JUEGO

• Uno de los participantes debe mantenerse apartado por unos minutos.

• El grupo elige una palabra que el adivinador debe descubrir a través de preguntas que sólo pueden responderse por sí o por no. Se da un tiempo limitado (alrededor de 10 minutos) para descubrir la palabra.

• Si al cabo de ese tiempo no ha resuelto la adivinanza, pierde.

• Se le pueden dar tres posibilidades para que averigüen la respuesta correcta.

Ejemplo

- Palabra elegida: Vaca.

- Pregunta: ¿Es vegetal?

- Respuesta: No.

- Pregunta: ¿Es animal?

- Respuesta: Sí.

- Pregunta: ¿Tiene plumas?

- Respuesta: No.

54 PALABRAS ENCADENADAS

Edad: 6 años en adelante.

REGLAS DEL JUEGO

• El primer jugador comienza diciendo una palabra. El participante que sigue debe repetirla ésta y agregar otra que tenga relación con ella.

• El siguiente repite la última palabra y agrega otra relacionada con ella, y así sucesivamente.

• Pierde el que repite algo mal o agrega alguna palabra incoherente o el que no puede decir nada para continuar o el que agrega alguna palabra que ya fue utilizada.

Ejemplo

- Jugador A: Agua

- Jugador B: Agua – Mar

- Jugador C: Mar – Sal

- Jugador D: Sal – Comida

- Jugador E: Comida – Ensalada

- Jugador F: Ensalada – Tomate

- Jugador A: Tomate – Verdura

NI SÍ NI NO

Edad: 5 años en adelante.

REGLAS DEL JUEGO

• El coordinador del juego va haciendo, alternadamente, preguntas a cada uno de los jugadores que deben ser contestadas por sí o por no.

• Lo divertido del juego es que, justamente, nadie puede usar estas palabras – sí, no –, sino que debe buscar todas las alternativas posibles, sin repetir ninguna.

• Aquel que no responde al cabo de 5 segundos, repite alguna palabra ya utilizada o usa alguna de las palabras prohibidas, pierde.

Ejemplo

- Coordinador: ¿Desayunaste hoy?

- Jugador A: Claro.

- Coordinador: ¿Te gusta la leche?

- Jugador B: Por supuesto.

- Coordinador: ¿Y el vino?

- Jugador C: De ninguna manera.

- Coordinador: ¿Te gusta ir a la playa?

- Jugador D: Muchísimo.

REGLAS DEL JUEGO

• El primer jugador dice el nombre de cualquier ciudad.

• El siguiente deberá decir el nombre de cualquier ciudad que empiece con la última letra de la ciudad anterior, y así sucesivamente.

• Pierde, o tiene un tanto en contra, el jugador que no contesta en 5 segundos, o se equivoca en la letra elegida o dice el nombre de una ciudad inexistente o repite el nombre de una ya mencionada.

Ejemplo

Jugador A: Córdoba

Jugador B: Arrecifes

Jugador C: Santa Fe

Jugador D: Esquel

Variante

• El mismo juego puede hacerse con nombres de países, ríos, mares, etc.

57 FRASES SIN FIN
Edad: 8 años en adelante.

REGLAS DEL JUEGO

• El primer jugador dice una palabra que permita comenzar a armar una oración.

• El segundo debe decir otra palabra que continúe la frase. Así continúa el juego agregando sucesivamente palabras.

• Pueden agregarse también signos de puntuación (punto, coma, punto y coma) que tengan sentido o que permitan terminar una oración y comenzar otra.

• Pierde o tiene un punto en contra el jugador que no dice nada en 5 segundos, agrega una palabra o signo de puntuación incoherente, repite una palabra esencial que ya ha sido dicha.

Ejemplo

Jugador A: El

Jugador B: Sol

Jugador C: Brilla

Jugador D: Esta

Jugador E: Mañana

Jugador A: Punto seguido

Jugador B: Los

Jugador C: Pájaros

58 BATALLA DE PALABRAS

Edad: 6 años en adelante.

REGLAS DEL JUEGO

• Uno de los participantes propone una palabra.

• El siguiente jugador debe decir la palabra opuesta a ésta y proporcionar una nueva.

• El tercer jugador encontrará el contrario de ésta y propondrá una nueva palabra.

• El puntaje se asigna de la siguiente manera: punto a favor para el participante que diga correctamente el contrario; punto en contra para el que no pueda decir nada en 5 segundos, que conteste erróneamente o proponga una palabra sin contrario.

Ejemplo

Jugador A: Blanco

Jugador B: Negro – Alto

Jugador C: Bajo – Gordo

Jugador D: Flaco – Chico

JUEGO CON ANÉCDOTAS
CAPÍTULO 5

¿Sabés el cuento de la buena pipa? Si no lo sabés te
cuento el cuento de la buena pipa y si lo sabés…
¡también te lo cuento!

59 EL CUENTO DE NUNCA ACABAR

Edad: 6 años en adelante.

REGLAS DEL JUEGO

• El primer jugador dice la primera frase de un cuento que deberá contarse entre todos.

• El segundo agrega otra frase y así sucesivamente.

• Pueden ponerse todos de acuerdo en contar un cuento muy conocido, como el de Caperucita Roja o Blancanieves. En este caso, si alguien dice alguna frase incoherente o no siguiera la sucesión de hechos tal como se dan en el cuento, queda descalificado.

• Otra opción es partir de un cuento clásico, pero recrearlo con frases disparatadas.

• También puede resultar divertido inventar entre todos un cuento.

REGLAS DEL JUEGO

• Uno de los jugadores es el adivinador y el otro, la mamá.

• El adivinador debe taparse los ojos y los oídos mientras el resto del grupo, incluida la mamá, decide qué cosa ha comprado ella cuando fue a la tienda.

• Una vez elegido el objeto, se le dice al adivinador la letra con la que comienza el objeto seleccionado.

• A partir de allí el adivinador puede hacer todas las preguntas que desee a la mamá durante 5 minutos.

• La mamá sólo puede contestar por señas o negando o afirmando con la cabeza.

• El adivinador tiene tres posibilidades para arriesgar y adivinar de qué objeto se trata.

61 CUENTO A DOS VOCES

Edad: 5 años en adelante

REGLAS DEL JUEGO

• El coordinador debe ser aquí el relator que va contando una historia con muchas peripecias y anécdotas.

• De pronto, mientras está relatando, se detiene y señala a un jugador que deberá decir la palabra exacta con la que continúa el relato.

• Pueden elegirse historias conocidas o no. La gracia del juego reside en que la palabra que hay que descubrir no sea demasiado obvia.

CUENTACUENTOS
Edad: 6 años en adelante.

REGLAS DEL JUEGO

• El coordinador elige diferentes elementos de un paisaje y se los adjudica a cada uno de los participantes.

• Por ejemplo: un viejo puente sobre el río, una casita con chimenea, los perros corriendo el rebaño de ovejas, etc.

• Se le da un tiempo (aproximadamente 5 minutos) para que cada uno piense alguna historia relacionada con el elemento que se le asignó.

• Al cabo de ese tiempo cada uno contará su cuento al resto.

• Una variante para este juego puede ser que la consigna sea pensar una historia lo más exagerada y fantástica posible sobre ese elemento. El resultado puede ser de lo más divertido.

• Este juego es bueno para estimular la creatividad e inventiva.

63 UN HOMBRE DE PRINCIPIOS
Edad: 6 años en adelante

REGLAS DEL JUEGO

• El coordinador inicia el juego narrando una historia en la que todo debe empezar con una letra determinada.

• Ejemplo: Tengo un tío que es un hombre de principios muy sólidos. Para él todo debe comenzar con la letra P. Así, su mascota se llama Prudencio. Y a Prudencio le gusta mucho comer papas. Y a mi tío, ¿qué le gusta comer?

• Cada participante, a su turno, contesta las preguntas que le hace el coordinador, pero recordando que siempre debe responder utilizando la letra elegida.

• El que se equivoca o tarda más de 5 segundos en responder, pierde. Al cabo de un tiempo se puede cambiar la letra.

PROBLEMAS DE INGENIO
CAPÍTULO 6

Te desafío a que encuentres la solución de estos verdaderos problemas de ingenio. Y si no encontrás las respuestas, podés espiar las soluciones a partir de la página 121.

64 TREINTA Y SEIS CEROS
Edad: 10 años en adelante.

PROBLEMA

• Observa el dibujo. Verás que se han distribuido 36 ceros.

• Hay que tachar 12 ceros, pero de tal forma que, después de esto, en cada fila y en cada columna quede el mismo número de ceros sin tachar.

• ¿Qué ceros hay que tachar?

0	0	0	0	0	0
0	0	0	0	0	0
0	0	0	0	0	0
0	0	0	0	0	0
0	0	0	0	0	0
0	0	0	0	0	0

Las soluciones a partir de la página 121.

PROBLEMA

• A un herrero le trajeron cinco cadenas de tres eslabones cada una (observa el dibujo).

• Le encargaron que las uniera formando una sola cadena.

• Antes de comenzar el trabajo, el herrero se puso a pensar cuántos eslabones tendría que abrir y volver a soldar. Llegó a la conclusión de que tendría que abrir y soldar de nuevo cuatro eslabones.

• ¿No sería posible realizar este trabajo abriendo menos eslabones?

Las soluciones a partir de la página 121.

66 LOS TRES RELOJES

Edad: 10 años en adelante.

PROBLEMA

• En casa hay tres relojes. El 1 de enero todos ellos indicaban la hora correctamente.

• Pero sólo marchaba bien el primer reloj, el segundo atrasaba 1 minuto al día, y el tercero se adelantaba 1 minuto al día.

• Si los relojes continúan atrasando así, ¿al cabo de cuánto tiempo volverán los tres a marcar la hora exacta?

Las soluciones a partir de la página 121.

EL VUELO

Edad: 8 años en adelante.

PROBLEMA

• Un avión recorre la distancia que hay desde la ciudad A hasta la ciudad B en 1 hora y 20 minutos. Pero el vuelo de retorno lo efectúa en 80 minutos.

• ¿Cómo se explica esto?

Las soluciones a partir de la página 121.

A TOMAR EL TREN

Edad: 10 años en adelante.

PROBLEMA

Este es un problema de trenes.

Tres hermanos que salían del teatro a casa, llegaron a la parada del tren dispuestos a subirse en el primer vagón que pasase.

El tren no llegaba, pero el hermano mayor dijo que debían esperar:

—¿Para qué esperar aquí? –contestó el hermano del medio–. Mejor es que sigamos adelante. Cuando el tren nos alcance, nos subimos a él y, como ya habremos recorrido parte del camino, llegaremos antes a casa.

—Será mejor que empecemos a caminar no hacia delante, sino hacia atrás –contestó el hermano menor. Así encontraremos antes al tren que venga y antes estaremos en casa.

Como los hermanos no pudieron llegar a un acuerdo, cada uno hizo lo que pensaba: el mayor se quedó a esperar el tren, el del medio se puso a andar hacia delante, y el menor hacia atrás.

• ¿Qué hermano llegó antes a casa y cuál de los tres procedió más lógicamente?

Las soluciones a partir de la página 121.

PROBLEMA

• Aquí hay tres números escritos uno debajo del otro:

111

777

999

• Hay que tachar seis de estas cifras de tal modo que los números que queden sumen 20.

• ¿Puedes hacerlo?

Las soluciones a partir de la página 121.

¿CUÁNTOS HIJOS?

Edad: 10 años en adelante.

PROBLEMA

• Yo tengo seis hijos varones. Cada hijo tiene una hermana.

• ¿Cuántos hijos tengo?

Las soluciones a partir de la página 121.

EL DESAYUNO
Edad: 10 años.

PROBLEMA

• Dos padres y dos hijos se comieron en el desayuno tres huevos, con la particularidad de que cada uno se comió un huevo entero.

• ¿Cómo explicas esto?

Las soluciones a partir de la página 121.

EL CARACOL

Edad: 10 años en adelante.

PROBLEMA

• Un caracol decidió subir a un árbol de 15 metros de altura.

• Durante el día tenía tiempo de subir 5 metros, pero mientras dormía por la noche bajaba 4 metros.

• ¿Al cabo de cuántos días llegará a la cima del árbol?

Las soluciones a partir de la página 121.

73 FÓRMULAS SECRETAS

Edad: 10 años en adelante.

REGLAS DEL JUEGO

• Busca la clave y traduce las siguientes expresiones:

• Pochoclo + helado = ¡Pardiez!

• Cacerola + pescados = bocados

• Bizcocho + postres = Ponce

• Reciente x diezmar = amilanar

• Caleidoscopio – Neptuno = ninguno

• Milenio – familia = acero

• Inventa otras similares. Puedes combinar más operaciones.

Las soluciones a partir de la página 121.

PROBLEMA

• A casa de Miguelito vinieron cinco compañeros suyos. El padre de Miguelito quiso invitar a los seis niños con manzanas, pero resultó que sólo había cinco frutos.

• ¿Qué hacer? Como no quería disgustar a ninguno, tendría que repartirlas entre todos. Está claro que habría que cortar las manzanas. Pero cortarlas en trozos muy pequeños no estaba bien; el padre no quería que ninguna manzana fuera cortada en más de tres pedazos.

• Se planteaba, pues, el problema siguiente: repartir cinco manzanas, en partes iguales entre seis niños, de manera que ninguna manzana resulte cortada en más de tres partes.

Las soluciones a partir de la página 121.

LA HERENCIA

Edad: 10 años en adelante.

PROBLEMA

• Una viuda estaba obligada a repartir, con el hijo que iba a nacer, una herencia de 3500 pesos que le había dejado su marido.

• Si nacía un niño, la madre debía recibir la mitad de la parte del hijo.

• Si nacía una niña, la madre recibiría el doble que la hija.

• Pero nacieron mellizos: un niño y una niña.

• ¿ Cómo hay que dividir la herencia para cumplir con las condiciones establecidas?

Las soluciones a partir de la página 121.

SOLUCIONES

TREINTA Y SEIS CEROS

Como de los 36 ceros hay que tachar 12, deben quedar 36 − 12 = 24. Por consiguiente, en cada fila o columna deberán quedar 4 ceros.

La distribución de los ceros no tachados será:

0		0	0	0	
		0	0	0	0
0	0	0			0
0	0		0		0
0	0			0	0
	0	0	0	0	

CINCO TROZOS DE CADENA

Basta abrir los tres eslabones de uno de los trozos y unir con ellos los extremos de los otros cuatro.

LOS TRES RELOJES

Al cabo de 720 días. En este tiempo, el segundo reloj se atrasa 720 minutos, es decir, exactamente 12 horas: el tercer reloj se adelanta igual tiempo.

Entonces los tres relojes marcarán lo mismo que el 1 de enero, o sea la hora exacta.

EL VUELO

Aquí no hay nada que explicar, porque el avión hace el recorrido en los dos sentidos en el mismo tiempo, ya que 80 = 1 hora y 20.

A TOMAR EL TREN

El hermano menor, yendo hacia atrás por la vía, vio venir el tren y se subió a él. Cuando este tren llegó a la parada en que estaba el hermano mayor, éste se subió al tren. Un poco después, el mismo tren alcanzó al hermano del medio, que había seguido adelante, y subió a él. Los tres hermanos se encontraron en el mismo tren. Sin embargo el que procedió más acertadamente fue el hermano mayor, ya que esperó tranquilamente en la parada y se cansó menos que los demás.

¿CÓMO OBTENER VEINTE?

Aquí te muestro cómo puede hacerse (los números tachados están reemplazados aquí por 0):

011

000

009

¿CUÁNTOS HIJOS?

En total son siete hijos: seis varones y una mujer.

EL DESAYUNO

La solución es muy sencilla: a la mesa no se sentaron cuatro personas, sino solamente tres: el abuelo, su hijo y el nieto. Tanto el abuelo como su hijo son padres, y tanto el hijo como el nieto son hijos.

EL CARACOL

Al cabo de 10 días (con sus noches) y un día más. Durante los primeros 10 días, el caracol sube 10 m (uno cada día), y durante el último día sube 5 m más, es decir, llega a la cima del árbol.

Dentro de cada palabra está escondido un número. Haciendo la operación aritmética que indica cada problema se llega al resultado.

Ejemplo:

Pochoclo + helados = ¡Pardiez!

    Ocho +   dos =   diez

¿CÓMO REPARTIR MANZANAS?

Las manzanas se repartieron de la siguiente manera: tres manzanas se cortaron por la mitad y resultaron seis mitades, que se les dieron a los niños.

Las dos manzanas restantes se cortaron cada una en tres partes iguales: salieron seis terceras partes, que también se repartieron entre los compañeritos de Miguelito.

Por lo tanto, a cada niño se le dio media manzana y una tercera parte de manzana, es decir, todos recibieron la misma cantidad.

Como se ve, ninguna manzana fue cortada en más de tres partes.

LA HERENCIA

La viuda debe recibir 1000 pesos, el hijo 2000 pesos, y la hija 500 pesos.

En este caso se cumple la voluntad del testamento, ya que la viuda recibe la mitad que el hijo y el doble de la hija.

$ 1.000.-

$ 2.000.-

$ 500.-

ÍNDICE